Cerdos

Julie Murray

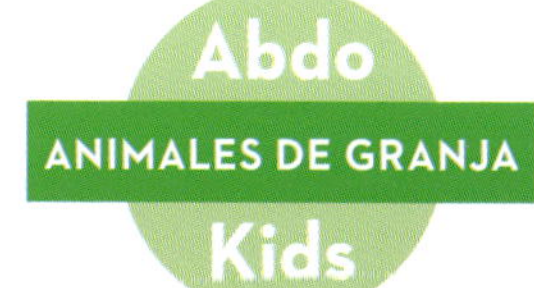

abdopublishing.com

Published by Abdo Kids, a division of ABDO, PO Box 398166, Minneapolis, Minnesota 55439.

Printed in the United States of America, North Mankato, Minnesota.

102015

012016

Spanish Translator: Maria Puchol

Photo Credits: iStock, Shutterstock

Production Contributors: Teddy Borth, Jennie Forsberg, Grace Hansen

Design Contributors: Candice Keimig, Dorothy Toth

Library of Congress Control Number: 2015954496

Cataloging-in-Publication Data

Murray, Julie.

[Pigs. Spanish]

Cerdos / Julie Murray.

p. cm. -- (Animales de granja)

ISBN 978-1-68080-427-0

Includes index.

1. Swine--Juvenile literature. 2. Spanish language materials—Juvenile literature. I. Title.

636.4--dc23

2015954496

Contenido

Cerdos

Los cerdos viven en granjas.

Algunos cerdos son de color rosa o café. Otros son negros. Algunos tienen manchas o **marcas**.

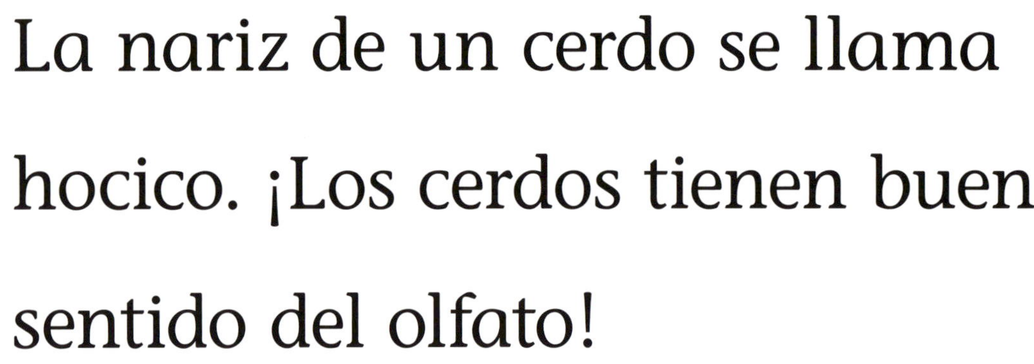

La nariz de un cerdo se llama hocico. ¡Los cerdos tienen buen sentido del olfato!

Los cerdos hembra se llaman “sows” en inglés. Los machos se llaman “boars” en inglés. Las crías se llaman lechones.

cerdo hembra

cerdo macho

lechón

Los cerdos hacen “oink”.

Los cerdos se revuelcan en el lodo. Esto los mantiene frescos.

Los cerdos comen **grano**.

También comen **raíces** y fruta.

La gente come carne de cerdo.

¿Te gusta el jamón o el tocino?

¡Proviene de los cerdos!

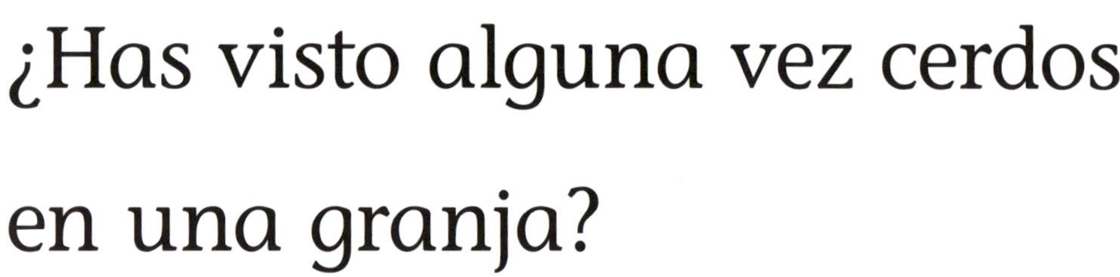

¿Has visto alguna vez cerdos en una granja?

La vida de un cerdo

bebe agua

descansa

come

se divierte en el lodo

Glosario

grano
semillas de plantas que sirven de alimento.

marcas
diseño o repetición de diseños en la piel o pelo de un animal.

raíz
parte de una planta que crece hacia abajo en la tierra. Le da agua y nutrientes a la planta.

Índice

abdokids.com

¡Usa este código para entrar en abdokids.com y tener acceso a juegos, arte, videos y mucho más!

Código Abdo Kids:
FPK9420